BEI GRIN MACHT SICH IHR WISSEN BEZAHLT

- Wir veröffentlichen Ihre Hausarbeit, Bachelor- und Masterarbeit
- Ihr eigenes eBook und Buch - weltweit in allen wichtigen Shops
- Verdienen Sie an jedem Verkauf

Jetzt bei www.GRIN.com hochladen und kostenlos publizieren

Bibliografische Information der Deutschen Nationalbibliothek:

Die Deutsche Bibliothek verzeichnet diese Publikation in der Deutschen Nationalbibliografie; detaillierte bibliografische Daten sind im Internet über http://dnb.d-nb.de/ abrufbar.

Dieses Werk sowie alle darin enthaltenen einzelnen Beiträge und Abbildungen sind urheberrechtlich geschützt. Jede Verwertung, die nicht ausdrücklich vom Urheberrechtsschutz zugelassen ist, bedarf der vorherigen Zustimmung des Verlages. Das gilt insbesondere für Vervielfältigungen, Bearbeitungen, Übersetzungen, Mikroverfilmungen, Auswertungen durch Datenbanken und für die Einspeicherung und Verarbeitung in elektronische Systeme. Alle Rechte, auch die des auszugsweisen Nachdrucks, der fotomechanischen Wiedergabe (einschließlich Mikrokopie) sowie der Auswertung durch Datenbanken oder ähnliche Einrichtungen, vorbehalten.

Impressum:

Copyright © 2015 GRIN Verlag, Open Publishing GmbH
Druck und Bindung: Books on Demand GmbH, Norderstedt Germany
ISBN: 9783668376342

Dieses Buch bei GRIN:

http://www.grin.com/de/e-book/351312/augustus-und-kleopatra-die-beschreibung-ihrer-beziehung-in-der-antiken

Doreen Simon

Augustus und Kleopatra. Die Beschreibung ihrer Beziehung in der antiken und modernen Geschichtsschreibung

Ein Nichtverhältnis?

GRIN Verlag

GRIN - Your knowledge has value

Der GRIN Verlag publiziert seit 1998 wissenschaftliche Arbeiten von Studenten, Hochschullehrern und anderen Akademikern als eBook und gedrucktes Buch. Die Verlagswebsite www.grin.com ist die ideale Plattform zur Veröffentlichung von Hausarbeiten, Abschlussarbeiten, wissenschaftlichen Aufsätzen, Dissertationen und Fachbüchern.

Besuchen Sie uns im Internet:

http://www.grin.com/

http://www.facebook.com/grincom

http://www.twitter.com/grin_com

Sommersemester 2015

Hausarbeit

Simon, Doreen

Studiengang:	Bachelor Geschichte, 2. Fachsemester
Modul:	Geschichte der römischen Antike : Politik, Verfassung, Gesellschaft I
Seminar:	Frauen – Macht – Männer
Titel:	Augustus und Kleopatra – Ein Nichtverhältnis ? –

Inhaltsverzeichnis

Einleitung 3

1. Darstellungen antiker Geschichtsschreiber 3

    1.1 nach Cassius Dio 3

    1.2 nach Plutarch 6

2. Moderne Betrachtung nach dem Historiker Michael Grant 8

3. Vergleich der antiken und modernen Positionen 10

Zusammenfassung/ abschließende Betrachtungen 11

Literaturverzeichnis 13

Einleitung

Kleopatra, eine bisher nicht in Vergessenheit geratene Persönlichkeit, wird in dieser Hausarbeit hinsichtlich ihres Verhältnisses und/ oder Nichtverhältnisses zu Kaiser Augustus bzw. Octavian näheren Betrachtungen unterzogen. Dabei wird kurz auf die Mittel eingegangen, mit welchen sie versucht hat, Augustus zu beeinflussen und auf die daraus resultierenden Folgen.

Zuerst wird anhand der antiken Geschichtsschreiber Cassius Dio und Plutarch versucht, Kleopatras und Augustus' gegenseitige Beeinflussung nachzuskizzieren bzw. deren Verhalten zueinander zu verdeutlichen. Anschließend erfolgt der Nachvollzug des Beziehungsgefüges zwischen Kleopatra und Augustus gemäß den Ausführungen des modernen Historikers Michael Grant.

Im weiteren Fortgang sollen außerdem die Ansichten obiger Historiker miteinander verglichen sowie deren besonderen Sichtweisen herausgearbeitet werden, das heißt, dass hierbei besonders auf das Hervorheben von Unterschieden Wert gelegt wird. Gemeinsamkeiten stehen weniger im Vordergrund.

Abschließend wird in zusammenfassender Weise kritisch auf die Ausführungen oben benannter Historiker Bezug genommen, um einen Versuch zu unternehmen, potentielle Gründe für die teilweise verschiedenen Darstellungen, speziell von Kleopatra, herauszuarbeiten.

Verschiedene Standpunkte sind freilich andererseits auch sinnvoll, gerade wenn Subjektivität bzw. Zu- oder Abneigung und/ oder Vorurteile eine möglichst objektive Anschauung und Begriffsbildung vermindern oder gar verhindern. Daher wird nun im Folgenden versucht, anhand der antiken und modernen Ausführungen möglichst unvoreingenommen nachzuvollziehen, ob und inwieweit Augustus und Kleopatra in irgendeiner Beziehung zueinander standen.

1. Darstellungen antiker Geschichtsschreiber

1.1 nach Cassius Dio

Ein Nichtverhältnis bzw. eine Nichtbeziehung zwischen Kleopatra und Augustus kann zumindest deswegen nicht der Fall sein, weil Augustus gemäß Cassius Dio dem Wirken Kleopatras, ihrer Beziehung zu Antonius und den daraus resultierenden Kindern eine negative Bedeutung zukommen ließ. Für Augustus war dies insofern von negativer Bedeutung, dass ihn die Anerkennung dieser Kinder seitens Antonius störte und deren

Einführung in die Familie Caesars, aufgrund des Beinamens Caesar bei einem der Kinder. Dies warf er Antonius vor.[1]

Ebenfalls als störend empfand Augustus Kleopatras und Antonius' Bestrebungen nach Gebietseinnahmen, worüber er sich in einer Ansprache empörte. Dabei wurde seine Abneigung gegen Kleopatra sehr deutlich offenbar, besonders bei folgenden abfälligen Formulierungen: „*... und von einem ägyptischen Weib ... .*" , „*... einem verwünschten Weibe ... .*"[2]

Nach Cassius Dio hielt Augustus Kleopatra insoweit für verwünscht, als dass sich Augustus deswegen nicht von ihr abwendete, weil sie ihn verhext hätte.[3] Nach heutigem Sprachgebrauch könnte dies vielleicht so verstanden werden, dass Kleopatra großen Einfluss auf Antonius ausübte.

Groß war auch, wie Cassius Dio beschreibt, Augustus' Interesse an Kleopatras Schatz, weil die Kosten für die Bezahlung seiner Kriegsveteranen sehr hoch waren. Auch deswegen war Augustus bestrebt gegen Kleopatra Krieg zu führen, um sich ihres Schatzes zu bemächtigen und um damit diese hohen finanziellen Aufwendungen bestreiten zu können.[4]

Für Antonius und Kleopatra war es gemäß Cassius Dio wichtig, Krieg gegen Augustus aufrecht zu erhalten. Deshalb erklärten sie, falls ihnen etwas schlimmes geschehen sollte und keiner von beiden mehr den Krieg fortzuführen imstande wäre, vorsichtshalber ihre beiden Söhne, Caesarion (Nachkomme von Kleopatra und Caesar) und Antyllus (Abkömmling von Fulvia und Antonius), für waffenfähig, sodass diese den Krieg fortführen würden.[5]

Andererseits wollte Kleopatra, wie Cassius Dio weiter ausführt, dass Augustus ihr Mitleid entgegenbringt. Um dies zu erreichen, bot sie ihm ihr Reich an, indem sie ihre Insignien an Augustus schickte. Antonius wurde darüber in Unkenntnis gehalten.[6]

Daran anknüpfend entwickelten sich zwischen Kleopatra und Augustus gegen Antonius gerichtete Verhandlungen, welche Kleopatra zum Vorteil gereichen sollten, gemäß den Absichten, die Augustus ihr in Aussicht stellte, wenn sie auf seine Forderungen, Antonius zu beseitigen, die Waffen niederzulegen und ihrer Königswürde zu entsagen, einginge. Kleopatra sollte bei Erfüllung dieser Forderungen insofern Vorteile für sich

---

[1] Vgl. Cassius Dio, Römische Geschichte, Bd. III, S. 310.
[2] Cassius Dio, Römische Geschichte, Bd. III, S. 335, 336.
[3] Vgl. Cassius Dio, Römische Geschichte, Bd. III, S. 337.
[4] Ebd., Bd. IV, S. 13, 30.
[5] Vgl. Cassius Dio, Römische Geschichte, Bd. IV, S. 14, 15.
[6] Ebd., S. 15.

gewinnen können, dass sie begnadigt werde und ihr Reich in vollem Umfang behalten dürfe.[7]

Diese strategischen Verhandlungen zwischen Kleopatra und Augustus bestanden nach Cassius Dio einerseits aus öffentlichen Drohungen seitens Augustus sowie gleichzeitig aus Wohlwollen ausdrückenden Versprechungen gegenüber Kleopatra, und andererseits aus an Augustus gerichtete Forderungen ihrerseits. Beide hatten dabei die Absicht, ihre Macht, finanziellen Mittel und Land zu sichern. Dies erforderte freilich beiderseits Täuschung des jeweils anderen. Um zum Beispiel möglichst von Augustus unbehelligt Kriegsvorbereitungen treffen zu können und vorsichtshalber eine Fluchtmöglichkeit vorzubereiten, sandten Kleopatra und Antonius zur Vortäuschung von Friedensabsichten Gesandte an ihn.[8]

Augustus schickte ebenfalls Gesandte, allerdings nur an Kleopatra, mit der Absicht, sie fälschlicherweise in den Glauben zu versetzen, dass sie von allen geliebt werden müsse, weil Augustus sie liebe, was nicht stimmte. Damit wollte er Kleopatra insoweit beeinflussen, dass sie seinen Forderungen nachkommt und ihrem Schatz sowie sich selbst nichts antut.[9]

Ihren Schatz nutzte Kleopatra als Druckmittel gegen Augustus, um sich dadurch ihre *„ ... Begnadigung und Königswürde zu erkaufen."*[10] Wie Cassius Dio beschreibt, blieb sie damit in ihrem Mausoleum und drohte, ihren Schatz zu vernichten sowie sich selbst zu töten, falls er auf ihre Forderungen nicht eingehen würde.[11]

Cassius Dio führt weiter aus, dass Augustus Kleopatra weiterhin täuschen wollte, indem er sie immer noch glauben ließ, sie hätte sein Wohlwollen. In Wirklichkeit aber plante er ihre Festnahme, Vorführung im Triumphzug sowie die Sicherung ihres Schatzes. Um sie zu unterwerfen, schickte er Gesandte an Kleopatra, welche diese erfolgreich festnahmen. Sie durfte aber vorerst noch mit ihrer gesamten Dienerschaft im Palast verbleiben, weil bei ihr der Eindruck bzw. die Hoffnung entstehen sollte, dass ihre Forderungen erfüllt werden und sie vom Selbstmord absieht.[12]

Daher wurde Kleopatras Forderung nach einem persönlichen Treffen mit Augustus entsprochen. Cassius Dios Schilderungen vermitteln hinsichtlich des Zusammentreffens dieser beiden den Eindruck, dass Kleopatra versuchte, besonders viel Mitleid bei

---

[7] Ebd., S. 15, 16.
[8] Ebd., S. 15.
[9] Ebd., S. 18.
[10] Cassius Dio, Römische Geschichte, Bd. IV, S. 21.
[11] Vgl. Cassius Dio, Römische Geschichte, Bd. IV, S. 21.
[12] Ebd., S. 22.

Augustus zu erregen, damit er ihr den Selbstmord bewillige. Ihm war es aber wichtig, sie im Triumphzug mitzuführen. Daher ging er nur insofern auf sie ein, dass er ihr Mut zusprach und widerstand aber ihren lieblichen Worten, Reizen sowie Schluchzen, insofern, dass er Distanz zu ihr hielt. Der Versuch Kleopatras, Augustus zu umschmeicheln bzw. zu verführen und Mitleid zu erregen, war somit gescheitert.[13]

Um sich doch das Leben nehmen zu können, täuschte sie, gemäß Cassius Dios Erläuterungen, einen Sinneswandel vor und wurde daraufhin weniger bewacht. Nachdem ihr dies gelang, schien Augustus ihren Tod ziemlich reserviert aufgenommen zu haben. Er war lediglich um seinen verlustigen Triumphzug sehr betrübt und bewunderte Kleopatra aber gleichzeitig.[14]

Ein wenig Genugtuung erfuhr Augustus allerdings im Rahmen der Siegesfeier über Ägypten, indem er ein Bild der Kleopatra sowie ihre Kinder, Alexander und Selene, als Siegestrophäe mit sich führte.[15] Aus dem von Cassius Dio beschriebenen Verhalten des Augustus nach Kleopatras Tod könnte geschlossen werden, dass ihm das abschließende Vorführen Kleopatras, somit seine Darstellung als Sieger, von immenser Bedeutung war. Im nachfolgenden wird nun anhand von Plutarchs Überlieferungen analysierend untersucht, inwiefern Augustus und Kleopatra miteinander in Beziehung bzw. Wechselwirkung standen.

1.2 nach Plutarch

Auch bei Plutarch wird deutlich, dass zwischen Kleopatra und Augustus, in Plutarchs Schilderungen Caesar genannt, kein gutes Verhältnis bestand, mindestens schon wegen ihrer Beziehung zu seinem Schwager Antonius. Daher war es Augustus von vornherein klar, als er seiner Schwester Octavia gestattete, zu Antonius zu fahren, dass diese von ihm wieder zurückgeschickt werden würde. Diese einkalkulierte Zurückweisung nutzte Augustus insofern zu seinem Vorteil, dass er diese als Grund verwandte, gegen Kleopatra Krieg zu führen.[16]

Aber es fanden zwischen beiden Kriegsparteien dennoch Verhandlungen statt. Plutarchs Beschreibungen lassen hier vermuten, dass es Augustus wichtig zu sein schien, Kleopatra befriedet bzw. günstig gestimmt zu halten, damit sie sich und ihrem Schatz nicht schadet. Zumindest spricht für diese Vermutung, dass Augustus ihr zusicherte, ihr

---

[13] Ebd., S. 22, 23, 24.
[14] Ebd., S. 24 – 26.
[15] Ebd., S. 36.
[16] Vgl. Plutarch, Große Griechen und Römer. Alexander und Caesar, Bd. 5, S. 353, 355.

entgegenzukommen, wenn sie veranlasst, dass Antonius getötet oder weggeschickt wird. Außerdem schickte er einen wortgewandten Gesandten zur ihr, scheinbar um Kleopatra zu beeinflussen.[17]

Ferner könnten Plutarchs Ausführungen so gedeutet werden, dass auch Kleopatra Augustus zu beeinflussen bzw. zu erpressen versuchte, indem sie ihren Schatz, inklusive Brennmaterial, in ihr Mausoleum brachte und ihn damit in Sorge darum versetzte, sodass dieser mit wohlwollenden Botschaften Hoffnungen in Kleopatra wecken wollte, um die Vernichtung des Schatzes zu verhindern, wobei er gleichzeitig hinterrücks zur Stadt vorrückte.[18]

Heimtückisch war es gegenüber Kleopatra auch, wie Augustus, Plutarchs Erzählungen zufolge, versuchte, sie gefangen zu nehmen, weil es ihm wichtig war, sie vom Selbstmord abzuhalten, sie somit in seinem Triumphzug aufführen zu können und ihren Schatz zu sichern.[19]

Daher könnte Plutarch in seinen weiteren Schilderungen so verstanden werden, dass Augustus sie nach ihrer Festnahme nur deshalb streng bewachen ließ, um sich seinen Triumph mit ihr sicher zu stellen und um als milder, edelmütiger, zuverlässiger und versöhnlicher Feldherr zu erscheinen. Dieser Eindruck wird umso deutlicher, indem Augustus' Gesandter Proculeius der Kleopatra vorwarf, im Falle ihres gelingenden Selbstmordes Augustus die Gelegenheit zu nehmen, diese vorbenannten Eigenschaften unter Beweis zu stellen. Zumindest erfüllte er diese schonmal ansatzweise dadurch, dass er ihr gestattete, Antonius zu bestatten.[20]

Augustus verhielt sich aber entgegen dieser Eigenschaften, als er Kleopatras Sohn Kaisarion zwecks eigener Machtsicherung hinrichten ließ, allerdings erst nach ihrem Tod. Vor ihrem Tod nutzte Augustus ihre Kinder als Druckmittel dafür, dass sie sich nicht schadet bzw. keinen Selbstmord durch Nahrungsentzug begeht und zwang sie, sich aus gesundheitlichen Gründen Untersuchungen zu unterziehen.[21]

Um Kleopatra weiterhin von Selbstmordversuchen abzuhalten, stattete er ihr sogar einen Besuch ab. Gemäß der Überlieferung Plutarchs widersteht Augustus jedoch, wie auch in Cassius Dios Schilderungen, Kleopatras selbst in ihrem kläglichen Zustand vorhandenen Reizen, spricht ihr lediglich gut zu und versucht sie zu trösten, freilich mit

---

[17] Ebd., S. 374, 375.
[18] Ebd., S. 375, 376.
[19] Ebd., S. 379, 380.
[20] Vgl. Plutarch, Große Griechen und Römer. Alexander und Caesar, Bd. 5, S. 380, 382.
[21] Ebd., S. 381, 382.

dem eigennützigen Ziel, sie für seinen Triumph vom Selbstmord abzuhalten. Augustus glaubte nach seinem Besuch, Kleopatra mit seinen wohlwollenden Worten getäuscht zu haben.[22]

Aber da hatte sich vielmehr er geirrt. Kleopatra hatte ihn nämlich in die Irre geführt, indem sie die Absicht weiterzuleben vortäuschte. Dies war Teil ihrer Vorbereitung zur Ermöglichung ihres Selbstmordes, welcher ihr gelang.[23]

Dass Augustus über Kleopatras Tod bestürzt war, lag vermutlich daran, dass er dadurch um seinen Triumph mit der lebenden Kleopatra gebracht wurde. Stattdessen führte er ein Bildnis von ihr im Triumphzug mit sich, wie neben Plutarch bereits Cassius Dio schilderte.[24]

Gleichzeitig bewunderte Augustus Kleopatra nach ihrem selbst arrangierten Tod und zeigte sich außerdem dahingehend ihrem letzten Willen erkenntlich, dass er sie neben Antonius bestattete.[25] Dass er diese Bestattung auf eine prunkvolle und königswürdige Art und Weise vornahm, ist nicht unbedingt als großzügig zu werten, da Augustus immerhin im Besitz des ägyptischen Schatzes, Kleopatras einstigem Vermögen, war.

Weiter werden nun mit Hilfe von Michael Grants Erläuterungen die Beziehungszusammenhänge zwischen Kleopatra und Augustus analytisch nachvollzogen.

2. Moderne Betrachtung nach dem Historiker Michael Grant

Auch dieser Historiker betont, dass Augustus sehr daran gelegen war, sich des Schatzes von Kleopatra, dem größten im Mittelmeerraum, zu bemächtigen, damit er seine Soldaten bezahlen konnte.[26] Daher war es vermutlich absehbar, dass Augustus unter anderem wegen des Schatzes gegen Kleopatra Krieg führte.

Dazu trug auch bei, dass Augustus bestrebt wirkte, alleine zu herrschen und keine Konkurrenz zu dulden. Dafür spricht Michael Grants Behauptung, dass es für Augustus eine Gefahr darstellte, dass sowohl Kleopatras als auch Antonius' ältester Sohn, Kaisarion und Antyllus, von ihren Eltern für mündig erklärt wurden.[27]

---

[22] Ebd., S. 382, 383.
[23] Ebd., S. 383, 384.
[24] Ebd., S. 385.
[25] Ebd., S. 385, 386.
[26] Vgl. Michael Grant, Kleopatra, S. 299, 303.
[27] Ebd., S. 300.

Somit war es keinesfalls abwegig, dass Augustus nicht mit Wohlwollen sondern ausweichend auf Kleopatras Bitte, ihren Kindern die Thronnachfolge zu gewähren, reagierte und ihn Bestechungen ihrerseits, wie ihre Insignien und große Geldsummen, zu keiner Zusage veranlassten.[28]

Kleopatra verlor offensichtlich den Glauben am Erfolg diplomatischer Verhandlungen mit Augustus, denn wie Michael Grant unter anderem mit den Worten Plutarchs weiter ausführt, versteckte sie ihre Schätze in ihrem Mausoleum, um diese zu schützen und legte zu diesem Zwecke auch Brennmaterial mit hinein.[29]

Aber auch Augustus verhandelte nicht weiter mit Kleopatra, nahm sie fest und bemächtigte sich ihres Schatzes. Damit hatte Augustus was er begehrte, war somit wahrscheinlich deshalb milde gestimmt und es erscheint nachvollziehbar, dass er Kleopatra erlaubte, Antonius zu bestatten. Zudem erregte ihr gesundheitlich schlechter Zustand vermutlich sein Mitleid, sodass sie in den Palast geholt wurde.[30]

Falls es Mitleid seinerseits war, wirkt es nicht sonderlich authentisch, weil Augustus gemäß den Schilderungen Michael Grants mehr um seine Erscheinung bzw. seinen Ruf besorgt schien als um ihr Wohlergehen. Dafür spricht, dass er zum Wohle seines Rufes darauf verzichtete, sie im Triumphzug mitzuführen und ließ sie nicht hinrichten.[31] Ihr Weiterleben stellte für ihn aber eine Gefahr dar, daher kam es ihm ganz recht, dass sie selbst für ihren Tod Sorge trug und förderte die von ihr dafür getroffenen Vorbereitungen, indem er ihrem Wächter befahl, nicht einzuschreiten sondern bei derlei Vorkehrungen wegzusehen.[32]

Nachdem Kleopatra tot war, gab es für Augustus keinen Grund mehr, sie als Bedrohung wahrzunehmen und zu hassen oder zur Feindin zu erklären. Er gab sich großherzig und bestatte sie prunkvoll neben Antonius, ehrte sogar ihr Andenken und bewunderte sie öffentlich.[33]

Wie nunmehr mehr als deutlich festgestellt werden kann, enthalten die antiken und modernen Erzählungen viele gemeinsame Schnittpunkte. Deswegen sollen im folgenden Kapitel die bisher vorgestellten Perspektiven im Rahmen eines Vergleichs auf Unterschiede hin untersucht werden.

---

[28] Ebd., S. 303, 304.
[29] Ebd., S. 304, 305.
[30] Ebd., S. 309.
[31] Vgl. Michael Grant, Kleopatra, S. 310.
[32] Ebd., S. 311.
[33] Ebd., S. 314, 315.

3. Vergleich der antiken und modernen Positionen

Recht markant unterscheiden sich die drei verschiedenen Ausführungen hinsichtlich der Begegnung zwischen Kleopatra und Augustus. Bei Cassius Dio verhielt sich Kleopatra ihm gegenüber sehr trickreich und versuchte, ihn mit ihren Reizen sowie einem prächtig hergerichteten Ambiente/ Gemach zu verführen bzw. für sich zu gewinnen. Kleopatra erschien dabei sehr bedacht, sich der jeweiligen Situation anpassend und auf Augustus in reichlich charmanter Manier eingehend.

Plutarch zeichnet hinsichtlich dieser Begegnung eine äußerlich verwilderte, weinerliche und zutiefst betrübte gebrochene Kleopatra. Verzweifelt versuchte sie noch Augustus davon zu überzeugen, dass Antonius an allem Schuld sei. Als dies nicht funktionierte, suchte sie Mitleid zu erregen, bis sich letztendlich beide dahingehend täuschten, dass jeder von Ihnen, im Sinne des jeweils anderen, positive Absichten vorgab. Augustus machte Kleopatra Hoffnungen auf ein besseres Leben und sie wiederum heuchelte, weiterleben zu wollen.

Gemäß Michael Grant sei es allerdings zweifelhaft, dass sich beide je getroffen haben. Grant meint, es hätte für Augustus bzw. Octavian keinen Sinn gemacht, sich mit ihr zu treffen. Er schickte aber einen Gesandten, der sich mit Kleopatra gut verstand.[34]

Auch hinsichtlich des Verhaltens von Augustus nach ihrem Tod gibt es unterschiedliche Ausführungen. Wie Cassius Dio und Plutarch behaupten, empfand Augustus nach Kleopatras Tod Bewunderung für deren hohe Gesinnung sowie zugleich Betrübnis über den Verlust seines Triumphzuges mit ihr. Doch nach Michael Grants Schilderungen nahm Augustus ihren Tod gleichgültig auf, ehrte jedoch, im Gegensatz zu den Ausführungen der antiken Historiker, Kleopatras Andenken.

Wie es sich aber wirklich bzw. genau ereignet hat, ist nicht ganz nachvollziehbar, zumal Überlieferungen verfälscht sein können, zum Beispiel durch die persönlichen Einstellungen zeitgenössischer Historiker in Bezug auf die Personen, über die sie geschrieben haben. Diese Einstellung kann man anhand von bestimmten Merkmalen versuchen herauszufiltern. Solche Merkmale sind beispielsweise die Art der Wortwahl/ Formulierung oder Beschreibung bezüglich der jeweiligen beschriebenen historischen Figur. Darauf wird nun in zusammenfassender Weise kritisch eingegangen.

---

[34]Vgl. Michael Grant, Kleopatra, S. 311.

Zusammenfassung/ abschließende Betrachtungen

Hinsichtlich der Formulierungen ist sowohl bei Cassius Dio, Plutarch als auch bei Michael Grant keine meines Erachtens abfällige oder entwertende Wortwahl vorzufinden, was darauf schließen lassen kann, dass die antiken und der moderne Historiker versucht haben, möglichst objektiv die Ereignisse bezüglich Kleopatra und Augustus darzustellen.

Interessant ist aber, welche Aspekte in deren Schilderungen hervorgehoben wurden. Bei Cassius Dio erscheint Kleopatra sehr raffiniert, trickreich/ tückisch und Augustus verführend. Plutarch betont wiederum eine von ihren Umständen zur Verzweiflung und physischer Verwilderung getriebene Kleopatra.

Die Schilderungen des modernen Historikers Michael Grant bilden dagegen eine Art relativierte Schnittmenge der Perspektiven der antiken Geschichtsschreiber ab. Mit relativierter Schnittmenge ist gemeint, dass Kleopatra meiner Auffassung nach in dessen Ausführungen weder zu berechnend noch allzu weinerlich beschrieben wird, was möglicherweise darauf zurückzuführen sein kann, dass Michael Grant kein Zeitgenosse Kleopatras und Augustus war und notwendig aus zahlreichen Überlieferungen eine vernünftige und nachvollziehbare Synthese bilden und/ oder eine kritische Relativierung vornehmen wollte.

Es scheint aber wesentlich schwieriger, in Erfahrung zu bringen, was Cassius Dio und Plutarch dazu bewogen hat, bestimmte Aspekte mehr oder weniger hervorzuheben. Dafür ist es sicherlich hilfreich, entsprechende Erklärungen über deren Einstellung zu Kleopatra und Augustus einzuholen bzw. sich darüber in Kenntnis zu versetzen. Dies liegt jedoch leider außerhalb des Rahmens meines Themas und wäre bestimmt ein spannendes Thema für eine weitere Hausarbeit.

Um abschließend nochmals auf das Verhältnis zwischen Augustus und Kleopatra zurückzuführen, bleibt, den bisherigen Sachverhalt resümierend, festzuhalten, dass zwischen beiden ein recht konfliktbeladenes Verhältnis bestand, welches sich aus gegensätzlichen Positionen speiste. Allgemein formuliert, einerseits aus den Interessen Kleopatras, mächtige Männer Roms für ihre Zwecke zu verführen. Und andererseits der dagegen sittlich und ehrenhaft wirkende Augustus, welcher in Kleopatra seinen Machtbereich gefährdet sah. Wie bereits erwähnt, war u.a. daher ein Krieg zwischen beiden vorhersehbar. Manfred Clauss schreibt zum Krieg gegen Kleopatra folgendes:

„Der Krieg gegen sie geriet schließlich zum Kampf um Freiheit und Ehre, aber auch zum Kampf für Moral und gegen Unzucht."[35]

Mit dieser Erkenntnis schließt nun meine Hausarbeit, in welcher ich versucht habe, das Wesentliche in Bezug auf mein Thema herauszuarbeiten und prägnante Differenzen zwischen den Ansichten Cassius Dios, Plutarchs sowie Michael Grants zu skizzieren und diese schlussendlich in ihrer Wirkung darzustellen, was für mich eine herausfordernde Aufgabe war.

---

[35] Manfred Clauss, Kleopatra, S. 108.

Literaturverzeichnis

Cassius Dio, Römische Geschichte, in: Carl Andresen u. a. (Hrsg.), Die Bibliothek der alten Welt. Artemis Verlag Zürich und München 1985, Bd. III, Bücher 44-50, S. 308–349.

Cassius Dio, Römische Geschichte, in: Carl Andresen u. a. (Hrsg.), Die Bibliothek der alten Welt. Artemis Verlag Zürich und München 1986, Bd. IV, Bücher 51-60, S. 7–37.

Plutarch, Große Griechen und Römer. Alexander und Caesar. Artemis & Winkler Verlag, Mannheim 2010, Bd. 5, S. 350–391.

Manfred Clauss, Kleopatra. 3. Auflage 2002, Verlag C.H. Beck oHG, München 1995.

Michael Grant, Kleopatra. Gustav Lübbe Verlag GmbH, Bergisch Gladbach 1998, S. 298-315.

BEI GRIN MACHT SICH IHR WISSEN BEZAHLT

- Wir veröffentlichen Ihre Hausarbeit, Bachelor- und Masterarbeit
- Ihr eigenes eBook und Buch - weltweit in allen wichtigen Shops
- Verdienen Sie an jedem Verkauf

Jetzt bei www.GRIN.com hochladen und kostenlos publizieren